느낄 수 있는 나의 체온

삼십육점 오도

여는 글

긴 시간을 지난 삼십육점 오도의 외출!

너무나도 감사한 독자님들께 안부를 물을 수 있다는 존재감만으로 지난 계절의 단상을 머금고 뱉어 내기를 수십 년 동안 반복해 온 저로서 너무나 벅찬 기회를 얻었답니다.

그동안 거센 세월의 비바람과 맞바꿈에 흙먼지를 털고, 기지개를 충분히 켤수있는 시간을 보냈습니다. 따라서 움추러들었던 일상의 안도와 함께 더 큰 감사한 리뉴얼 작업을 맛볼 수 있었습니다.

여는 글에 있어 수만 가지의 단어와 문장이 덩실덩실 춤을 추고 자유로이 생각의 터널에서 유유하게 서로 간의 글자 대립을 하는 동안, 그 생각의 끝조차 너무 즐거이, 하루의 단맛을 그리고 있습니다.

2003년 처녀작인 삼십육점 오도는 그렇게 소년에서 청년으로 나아가는 길목에 누구보다 제 자신에게 던지는 송해성이 송해성을 넌다하게 감싸주고 때로는 그 무언가의 글에 오랫동안 빠져 보는, 귀하디 귀한 순고의 일기를 만끽하였답니다.

지금 이 시간 여는 글에 치중하고 있지만 다음다음, 책장을 넘기시어 우리 내의 초록, 파란 했던 그 시절의 단내로 소년 소녀의 다채로운 감성의 시간이 되셨으면 합니다.

공감의 詩

모두 하나가 되었으면

사랑, 이별, 추억, 희망!

이 땅의 모든 사람들이 공감할 수 있는 그런...

- 송 해 성 드림 -

한 장 한 장 넘기면서 마음의 꽃 향기를 만끽했습니다.
세상을 올곧게 보는 눈이 있었고 용기와 희망을 담는
젊음이 가득했고, 거짓됨이 없는 따사로움을 배웠습니다.
힘차게 나아가는 날개짓에 뜨거운 마음을 보내며
살아있는 삼십육점 오도의 풍경화를 오래오래 간직하렵니다.

- 제자의 훈훈한 마음을 느끼면서
교단에서 김영칠 씀 -

2003년 어느 봄 날

차 례

프롤로그

첫 번째 사랑 이야기

나의 맘에도 11. 좋아했구나 12. 모정(母情) 13. 그날까지 14.
믿. 소. 사 15. 벙어리 사랑방식 16. 사랑의 노래 17.
사랑의 성적표 18. 사랑의 회의 19. 4 + 1 20.
사랑의 묘약 21. 기도 22. 사랑의 4계절 23. 하늘 그녀 24.
사랑합니다 25. 언약 26. promise 27. 이른 새벽 아침 28.
사랑하는 맘 여기 있으니 29. 내 아버지 30. 메시지 31.
그 사랑 다할 날까지 32. 나의 약속 33. 너 아닌 나의 꽃 34.
사랑해 35. 사랑은 용기 있는 자만의 것 36. 애정의 싹 37.
그녀를 향한 나의 모든 것 38. 사랑하는 마음 39.

두 번째 이별 이야기

Show 43. 억울해 44. 이제 어디서 45. 떠나는군요 46.
다시는 47. 그녀 48. 지키지 못한 약속 49. 사랑이란 이름 50. 널 51. 나의 맘 I 52. 나의 맘 II 53. 그대의 눈물이기에 54.
처음 느낌 간직한 채 55. 영원한 빛 56. 나와 같겠지요 57.
어느 날 갑자기 58. 사랑이란 멍 59. 눈물의 비 60.
이미 내게 멀어져버린 61. 널 울리던 날 62.
돌이킬 수 없는 너 63. 사랑 그리고 이별 64.

세번째 추억 이야기

생(生) 67. 작은 동산 68. 비 69. And 70. Happy 71.
수험생 72. 향수 73. 새벽 74. 무등의 시야 75.
내 친구야 76. 그래도 좋은건 77. 이제 다시는 78.
무제 79.

네 번째 희망 이야기

The Hope 83. War → Peace 84. 삼십육점 오도 85.
내가 있으메 86. 내 마음의 푸르름 87. 영혼이여 88.
세(世)우(雨) 89. 하늘처럼 90. Smile 91. 영혼 92.
작은 촛불 93. 오늘도 달린다 94. 가네 95.
그대는 어디인가 96. 청년(靑年) 97. 삶의 이유 98.
혼자가 아니군요 99. 청(靑)천(天)여(如)청(靑)심(心) 100.
영원한 나 101. 신(新) 광명(光明) 102. 오늘처럼 103.
행복 104. 내 머릿속 105. 빛 106. 3자에게 107.

〈추천사〉
소년에서 청년으로
성장을 응원하는 청년의 어른들 110.

에필로그

첫 번째 사랑 이야기

내 사랑은 항상 그녀 뒤에서

지켜주며...

아껴주는 것이지

이게 바로 내 사랑...

벙어리 사랑 방식이지

나의 맘에도

나의 맘에도 사랑의 꽃을 피워 봤으면
사랑의 눈물로써
때로는 헌신적인 사랑의 밑거름으로
나의 가슴 한켠에 멍이 커간다.
돌이켜 보면 볼수록 멍하니 가슴만 메인다.
저 높은 곳을 향하여 외치는
한 사나이 처럼
때로는 따뜻한 어머니의 모습처럼
그런... 따뜻한 사랑의 꽃을 피워 봤으면...

좋아했구나

아드레날린이 분비되고

모든 근육들이 수축되며

호흡은 빨라진다

너를 좋아하긴 하나봐!!

모정(母情)

사랑을 알게 해주신
모정을 생각하며
오늘도 변함없이
노래를 부릅니다

겸손을 알게 해주신
모정을 생각하며
내일을 향해
꿈을 키워 나갑니다

세상의 환환 빛을 알게 해주신
모정을 생각하며
대지위에 큰 그릇을
세우려 합니다.

모정...
끝없는 것인가 봅니다.

그날까지

그날까지
내가 서 있으리오

그날까지
주저앉지 않으리오

그날까지
사랑하며

그날까지
지켜 주리오

그날... 그날까지
영원하리오

믿. 소. 사

나는 너에게
믿음을 심어주고 싶어

나는 너에게
소망해 항상

사랑이란 내 모든 맘을...
주고 싶어 아낌없이 모든 걸

벙어리 사랑 방식

내 마음속 고이 잠든 사랑아
왜 말 못하고 그 속에 잠겨 있는 거니?

이 바보야!
왜 그러냐구?

제발 한 번의 용기를 내봐
부딪혀 보라고!

허나 내 마음은 그런 게 아니야
내 사랑은 항상 그녀 뒤에서
지켜 주며...
아껴주는 것이지

이게 바로 내 사랑...
벙어리 사랑 방식이지

사랑의 노래

들리니 내 사랑의 노래가
지금 내 맘을 전하고 있어 너에게...

아낌없거든 내 모든 걸 주어도
사랑하거든 너에 대한 모든 걸

받아 주겠니?
내 사랑의 노래를

사랑의 성적표

국어 점수 60점 괜찮아
네게 사랑한다는 말 전할 수 있잖아

수학 점수 20점 괜찮아
너와 나의 기념일 안 잊고 있거든

영어 점수 40점 괜찮아
I love you 라고 외칠 수 있거든

과학 점수 50점 괜찮아
내가 널 사랑한다는 걸 증명할 수 있거든

사회 점수 30점 괜찮아
나는 한 사회인으로서 모든 널 사랑할 수 있기 때문에

사랑의 회의

사랑의 회의를 시작하겠습니다

먼저 늑대 위원 발표해 주십시오
네... 내 사랑 내 모둘 줄 수 있는 누군가를 찾습니다
아깝지 않은 나의 사랑 전불요

다음 여우 위원 발표해 주십시오

네.... 내 맘 여기 있으니 내게 기대어 주겠습니까??
예쁜 사랑 만들어 갈 수 있도록

건의 사항이 하나 들어왔군요
늑대 위원과 여우 위원은 우리가 지켜보는 앞에서
서롤 맹세할 수 있습니까??

인스턴트식 사랑이 아닌 착한 사랑을요...

4+1

4랑 하겠어 오직 너 1(하나)만을 위해
그래서 나는 4+1이 좋아

4랑은 항상 2(이) 별이 뒤따르는 법
그게 겁나 4+2

4랑은 3(상)처를 주기 마련이지
간혹 4+3

4랑은 4(사)람을 속이거든??
남몰래 4+4

4랑은 5(어) ... 설명하기가 힘들어
왜일까?? 4+5

그래서 난 단지 4+1이 좋아
너만을 사랑할 수 있으니까

사랑의 묘약

그대에게 눈이 멀어 버렸습니다
바라보니

그대에게 불구가 되어 버렸습니다
다가서니

그대에게 병이 걸려 버렸습니다
가면 갈수록

그대여!! 모든 병을 치료해 주세요
사랑의 묘약으로

기도

기도합니다 부디
그녈 지켜 달라고

기도합니다
그토록 그녈 사랑하게 해달라고

기도합니다
제발 그녀와 영원하라고

기도합니다
언제나 그녈 생각해 달라고

기도합니다
그녀를 위해서 이 모든 걸...

사랑의 4계절

봄에 사랑의 싹을 뿌렸습니다
그녀에게 간절히

여름에 사랑의 싹이 자라나기 시작했습니다
그녀에게 그토록

가을에 사랑의 싹이 여물기 시작했습니다
그녀에게 부디

겨울에 우리의 사랑은 꽃을 피웠습니다
그녀에게 영원히

하늘 그녀

맑게 개인 하늘을 보며
그녀 얼굴을 그려봅니다

눈, 코, 입
내게 다가옵니다 그녀가...

손에 닿을 것만 같은 그녀
살며시 눈을 감아 봅니다

따뜻한 사랑의 햇살이
나의 볼에 입맞춤을 해 줍니다

사랑합니다

긴 생머리의
하얀 얼굴

긴 다리의
커다란 키

내게 다가옵니다
밝게 웃으며

언제나 나였으면 좋겠죠
사랑합니다 그녀를...

그녀의 모든 걸

언약

이 네온 가로등 아래에 서서
너와 나의 언약을 하고 싶어

작은 구리 반지와 뜨거운 사랑으로
환하게 비춰주는 가로등을 바라본 채

그대여 내 작은 사랑을 받아 주겠소??
작은 사랑 하나하나 모아 여기까지 만들었소

이제 그대만 다가오면 돼요 내게로... 내게로...
하얀 손 내게 민 채 반지를 끼웁니다

떠는군요...
오늘따라 왜 이리 밤길이 환하던지...

Promise

사랑하게 해 주소서
위선 없는 진실한 사랑을

지켜주게 하소서
가식 없는 그녀의 모든 걸

베풀어 주게 하소서
내 모든 걸 아낌없이

약속되게 하소서
이 모든 나의 마음을

이른 새벽 아침

새벽에 눈뜬 그대
내 품에 기대어
숨결을 가다듬는다

포근한 가슴에
살며시 귀 기울여
사랑의 소리를 듣는다

이른 새벽 아침에

사랑하는 맘 여기 있으니

난 항상 널 생각하지
이건 너무 나에겐
과욕적 일 수도 있어

하지만
너무도 사랑...
사랑 하기에
내 목숨도 아깝지가 않아

하지만
이 맘 몰라 주는 너에 대한 마음
난 너무 지쳤어...

허나
널...
생각할 정도의 힘과!
내 따뜻한 마음은 남아있어

그래...
사랑하는 맘 여기 있으니
언젠가는 한번
꼭 찾아와 주겠니?

내 아버지

항상 곁에 있어도
아버지의 그림자만 보게 됩니다

혹시나 하는 기대에
미치지 못한
못난 자식

허나 아버진
애써 사랑으로 덮어 주십니다

표현은 하지 못해도
내가 생각하는 아버지를 사랑하는 맘
영원할 것입니다

지금도 아버지께서는
가족을 위하여
열심히 피와 땀을 흘리고 계실 것입니다

이런 아버지께 너무 감사하고
영원히 사랑합니다

메시지

아무리 내 사랑 전하려 해도
그걸 모르는 너

혼자 짝사랑이 되어 버렸구나
이 바보 같은 나의 사랑아

한 번만 단 한 번만
나를 받아 주겠니??

이 메시지를 I love you

그 사랑 다할 날까지

내가 살아가는 동안에
한 여자만을 사랑하게 해 주시고

그 사랑 다할 날까지
시간을 주십시오

나의 약속

난 너에게 약속을 하지
널 울리지 않겠다고

난 너에게 약속을 하지
널 향한 나의 마음은 너라고

난 너에게 약속을 하지
널 지치지 않게 하겠다고

난 너에게 약속을 하지
널 나만의 여자로 만들겠다고

난 너에게 약속을 하지
널 영원히 사랑하겠다고

난 너에게 약속을 하지
이 모든 약속은 너와 나의 언약이라고

너 아닌 나의 꽃

지금도 생각해 보면
그녀가 떠오르죠

그녀는 나의 날개이자
나의 이상이죠

난 그녈 향하여
나의 날개를 달아
낙원의 동산에
꽃을 피워갑니다

너 아닌 나의 꽃을요

사랑해

아주 까만 길
그녀는 혼자 걷고 있죠

그녀의 숨결 떠는 손, 발
내가 곧 달려가죠

사랑해
이 한마디가 그녀의 몸을 서서히 녹여가죠

난 꼭 껴안으며 다시 한 번 말하죠
I love you

사랑은 용기 있는 자만의 것

난 널 사랑해
이것만으로는 부족합니다

난 니꺼야
이것만으로도 부족합니다

날 사랑해 줄 수 있겠니?
용기 있는 자만이
사랑을 쟁취하는 것입니다

애정의 싹

나에겐 소중한 그녀
그녀에게 소중한 나

그녀는 오늘 웁니다
나도 오늘 웁니다

왜 그럴까요?

그건 서로 좋아하기에
좋아했기에

둘의 애정 어린 마음으로
눈물의 싹을 키워 갑니다

그녀를 향한 나의 모든 것

내 눈에는 아무것도 보이지 않습니다
오직 그녀를 향한 나의 눈동자
난 눈을 살며시 감습니다

내 마음에는 아무것도 존재하지 않습니다
오직 그녀를 향한 나의 마음
나는 마음을 살며시 엽니다

내 머릿속 너무 복잡합니다
그러나 그녀를 향한 나의 생각
영원히 변치 않을 것입니다

사랑하는 마음

사랑하고픈 마음만으로
진정 사랑을 하면
그건 사랑이 아니다

그녀를 위로할 줄 아는
마음

그녀를 아낄 줄 아는
마음

그녀를 보호하려는
마음

그녀를 진정 사랑하려는
마음

이런 마음들이 조화를 이루어야 합니다

두 번째 이별 이야기

이제 너와 난 하얀 백지가 된 거야

이내 가슴 너무나 아프다

이제 용서해...

네게 지키지 못한 약속을

Show

주저앉고 싶었어

너무 힘든 나날들

언제쯤 웃을 수 있을까?

시작하는 마음으로

내 모든 걸 걸겠어

한번 부딪혀 보는 거야

억울해

사랑하거든
너를

아끼고 싶거든
너를

감싸주고 싶거든
너를

그런데...
넌 그렇지가 않잖아

억울해!! 너무...

이제 어디서

너의 뒷모습 보면서

눈물 글썽거렸어

온몸에 힘이 쭉 빠지는 것만 같아

내 반쪽이었는데...

이제 어디서

나의 그림자를 찾아야 할까?

떠나는군요

가시는군요 드디어 내 곁에서
왜 가는 것 이예요 왜 날 버리는 거죠?

난 바보인가요?? 그냥 멍하니 있습니다
이게 이별의 맛입니까??

떠나지 마세요 부디...
그리워하며 그냥 말 한마디 못 부칩니다

그대여 내 맘의 사랑이 크질 못하는군요
떠나실 때... 가실 때...

이 사랑 조용히 놓고 가십시오
미련 없이 보내 드릴 터이니... 그대여

다시는

사실 네게 말하지만 날 사랑하지 말아 줘
내게 믿는 너에 대한 사랑 지워 줘

모든 걸 깨끗이
네게 거짓을 했던 사랑, 눈물로서 용서를 빌게

날 떠나 주겠니?
이젠 그 누구도 사랑하지 않아

다시는

그녀

아련히 그녀의 모습이 떠올라
내 눈을 덮습니다

내게 손짓하는 그녀
기억에서 잊히지 않습니다

살며시 다가와 내게 기대어
포근히 감싸 주던 그녀

눈물로써 사랑을 전합니다
역시나 오늘도...

지키지 못한 약속

네게 한 가지 지키지 못한 게 있구나
영원하리라 믿었던 사랑을

내게 기대 환한 웃음 짓던
널 이제 지우려 하고 있어

낙서된 연습장에 지우개로 지우듯
널...

이제 너와 난 하얀 백지가 된 거야
이내 가슴 너무나 아프다

이제 용서해...
네게 지키지 못한 약속을

사랑이란 이름

사랑이란 이름으로 장난하지 말게나
멍이 든 사람들이 한두 명이 아니려

세상 모든 속물들에 얽혀 거짓된 삶
흘러흘러 사랑이 흐르려니

이게 장난을 치고 있구나
아!! 사랑이여 내게 기댄 사랑이여

마구 주련다 이제 장난은 끝이다
영원한 나의 진실한 사랑을 주련다

널

방 한구석에 앉아 네 생각에 젖어 있어
오늘도 변함없이 잘 지내는지

눈물로 하루를 지새고 너를 그려봤어
하지만 내 곁에 너는 없어져만 가

너무 그리워 내 사랑 전하지 못해
눈물로라도 널 기억하고 싶어

너의 모습 눈물로 그려보며...
내 맘 한구석에 널 가두겠어

나의 맘 I

어둠이 찾아와 모든 걸 먹어 삼켰습니다

세상 모든 걸...

홀로 있는 내 맘 한구석

한 가지를 삼키지 못했군요

영원히 빛나는 나의 맘을요

나의 맘 II

밝은 빛이 세상을 환히 비춥니다

모든 것을

홀로 있는 내 맘 한구석

한가지보다 빛나지 않군요...

영원히 빛나는 나의 맘을요

그대의 눈물이기에

비 오는 거리에 홀로이
그대를 생각합니다

촉촉하게 내리는 이 비에
내 눈물과 함께

먼 곳에 있을 그대를 생각합니다
내 곁에 없는 그대

항상 나와 함께하자 했던
눈물의 비를 오늘도 맞으며 기다립니다

아마도 위안이 되는 건, 당신의 눈물을
맞고 있다는 사실이 좋아서입니다

처음 느낌 간직한 채

우리 사랑 영원하길
간절히 바래왔던

처음 느낌 간직한 채
한 걸음 한 걸음

우리의 사랑이 성숙해 갑니다
끝을 모른 채 지금도

한 걸음 한 걸음
커가고 있겠지요

처음 느낌 간직한 채로

영원한 빛

어둠이 밀려와
내 마음을 닫히게 만들었습니다

환한 사랑이란 빛으로
내 마음을 열어 주었지요

그녀가 그토록!
다시는 어둠이 싫습니다

환한 사랑
영원히 빛을 내고 싶습니다

나와 같겠지요

바라만 보았습니다
아주 멀리서

하지만
어쩔 수 없습니다

내 곁에 없는 그녀
지켜줄 수 없는 그녀

나와 같겠지요?
사랑했다는 걸요

어느 날 갑자기

어느 날 갑자기 찾아온 시련
울고 막 울었습니다

가식 없는 나의 사랑 모른 채
그녀가 떠나 버린 거죠

툭 꺼진 방 한 구석에 앉은 채
사랑이란 단어를
지워가고 있어요

조금씩 조금씩...

사랑이란 멍

사랑했습니다
그토록
간절히

내 맘 한구석에 어느샌가
그녀가 자릴 잡고 있었죠

그 사랑이
꽃을 피워가며

내 가슴엔
사랑이란 멍을 남겼지요

눈물의 비

창밖의 비처럼
내 눈의 눈물처럼
촉촉이 젖어 내리는
눈물의 비

괜히 내리고 또 내린다
내일도 모레도 변함없이
계속...
계속 내린다

이 눈물의 비가 내리는 그곳에서
그녀는
아마...
우산을 던져 버리며...

작고 간결한 눈에서
나처럼...
눈물의 비를 흘리고 있겠지?

이 빗물이 모여 모여
어딘가에
아주 조용한 어딘가에...
사랑의 꽃을 피우고 있겠지

이미 내게 멀어진

항상 내 곁에서 나와 사랑을 속삭였던 그녀

하지만…

이미 내게 멀어져 버린…
꿈에서나 볼 수 있을까?

버림받은 내 자신…
아픈 가슴을 닫고 회상한다

이미 내게 멀어져 버린 내 사랑의 노래!
이제 서서히 녹아 간다

아니…
꺼져만 간다

희미하게 들리는 내 사랑의 노래

널 울리던 날

추운 겨울이었죠

아마도 그녀는 오늘 추운 바람과 맞서서 날 기다리겠죠

약속 시간은 지나가고

그녀의 가슴에는 차가운 눈물...

하지만 난 갈 수가 없지요

그러나 그녀의 차가운 마음속에

내 마음을 실어 하얀 눈을 뿌리지요

그녀를 향하여...

이날이 바로 널 울리던 날이 되었던 거죠

돌이킬 수 없는 너

오늘 난 너를 보았지

난 너를 절대 돌이킬 수 없어

왜냐고?

너의 수줍은 미소가 내 마음을 빼앗아 갔기 때문에

아직 덜 여문 내 가슴은 오직 널 향한 작은 이상

작지만 널 감쌀 수 있는 따뜻한 가슴

절대 돌이킬 수 없지!

난 지금도 생각하지 너의 그 애띤 수줍은 미소

사랑 그리고 이별

사랑하는 두 남녀에겐
이별이란 멍이 들어가고 있지요
하지만 사랑... 사랑할수록
그 멍은 점차 작아지고 있어요

그러나 사랑의 멍이 커져 갈수록
동시에 그 아픔도 커져 갑니다
그 아픔은 바로
이별이란 큰 아픔...

세 번째 추억 이야기

이런 고마운 사람들이 있기에

우리는 자기 자신을 잘 돌보며

항상 감사하는 마음을 가져 나간다...

이런 행복이 있기 때문에

生

모름지기 나의 생

처음 빛을 보던 날을

생각합니다

세상에 문을 두드리며

나 보라는 듯 힘차게 울어댑니다

작은 심장 두근거린 채

하얀 몸 내민 채

세상의 짐을 지려고 합니다

한 작은 아이였던 나...

작은 동산

푸르름을 내게 안겨주는
작은 동산

작은 새소리의 지저귀는
노랫소리

언제나 나의 등 뒤에서 지켜주는
큰 버팀목

항상 변함없이 내게 다가오는
그런 편안함

이제는 너가 아닌 내가
너의 뒤에 서고 싶구나...

너를 정복하는 그날까지

비

큰 세상에 단비를 내려주사
크다 지친 영혼들이 다시 일어서리

꽃 내음 가득한 이내 가슴 한켠에도
단비로서 나의 마음을 적셔 주리오

오르지 못할 것이라 생각했던
꽃과 열매를 비로소 님을 만났습니다

저 멀리 구름 뒤에 숨어 촉촉이 내리사
온 만물영장 거룩함이 없습니다

저 멀리서 날개짓하는
영혼의 새싹들이여…

달콤하게 적셔주는
이 뜨거운 가슴이여…

영원하리오 커가는 이 맘
간직하리오 하늘의 눈물

And

인생은 고독하며 불운의 연속이다

항상 행복한 것은 아니다

힘들고 때로는 지쳐가며 눈물을 흘릴 때도 있다

인생은 새옹지마이다

오르막길이 있으면 내리막길도 있는 법

주저앉지 않으며 약해지지 않으며

나보다 더 못난 사람도 있다는 생각을 하며

각자 각자 내리막길을 향하여 달려야 한다

지금은 힘들지라도...

Happy

인생에 행복감을 느낀다는 것은 참 기쁜 일이다
자신이 있다는 존재감
누군가 날 알아주고 이름을 불러주는 것
내 말을 들어주며... 꾸지람을 해 주는 것
이런 고마운 사람들이 있기에
우리는 자기 자신을 잘 돌보며
항상 감사하는 마음을 가져 나간다...
이런 행복이 있기 때문에

수험생

새벽에 별 보고 등교하다

저녁에 별 보고 하교하는

수험 생활

내 인생의 오르막길

지친 어깨를 세우며

오늘도 달린다

내리막길을 향하여

향수

꽃 내음 가득한 이 동산에
내 몸을 실어 향수에 젖고자
옛 생각에 문득 눈을 감는다
노오란 개나리, 분홍빛 진달래
나의 몸에 물들여 놓는다
지저귀는 새소리에
나도 따라 덩실 춤을 춘다
시원한 계곡 사이 걸터앉아
오늘도 꿈을 꾼다…
옛 이야기의 향수를

새벽

새벽 이슬 아침잠에서 깨어
귀 기울인다 먼 곳...
어느 먼 곳에
간결히 들리는 아이의 웃음소리가

나도 모르게 웃어 버린다
하얀 피부 작은 손, 발

느껴지는가? 이내 가슴으로
아침 이슬에 비춰지는 귀여운 아이들

이내 다가온다
점점...

와서 기댄다 내 품에 안겨 새근새근 잠들어 버린다
아무것도 모른 채 아무 근심 없이

난 좋았다 이처럼 새벽이...

무등의 시야

그다지 크지 않은 광주시의 듬직한 무등의 자릿골

오늘도...
내일도...

넌 아마 반복되는 시간에 지쳐 있을 거야
하지만 네가 보는 그 넓다란 시야...

작은 아이를 생각해 봤니?
작지만 간결한 아이의 목소리를...

내 친구야

함께 있어 좋은 친구

넌 나의 반쪽이지

내가 힘들 때

내가 지칠 때

넌 나의 버팀목이 되어 주지

함께 있어 좋은 친구

넌 나의 그림자이지

내가 힘이 없을 때

내가 부족할 때

넌 나의 작은 꿈이 되어 주지

그래도 좋은 건

자울자울 눈꺼풀이 무거워져
꾸벅꾸벅 오늘도 비몽사몽

깜짝깜짝 주위 소리에 단잠을 깨
두근두근 가슴만 콩닥콩닥

째깍째깍 시간은 흘러가고
세월아 세월아 지나가 버리는 시간 시간

어벙어벙 겨우 눈 떠보면
역시나 오늘도 한 일 없네

그래도 좋은 건 좋은 건
이처럼 달콤한 단잠 한숨

이제 다시는

다시는 다시는 졸지 않으려네...
하지만 졸리는 걸 어떡하나?

그래도 그래도 이겨내세
잠에서 잠에서 일어나세

소망 소망 내 간절한
작은 기도 들어주사

언제나 언제나 변함없는
밝은 눈빛 내게 주소서...

무제

잠시 스친 맞바람과 스며드는 차가운 낙엽 같은 인생
인생은 언제나 혼자다...

내 안의 또 다른 나를 찾으려 고독한 심장에 귀 기울인다
조용하지만 강한 나의 의지가 되는 친구...

나와 평생 같이 뛰어주는 또 다른 나의 그림자
그래서 아마 난...

행복...
행복한 거야

네 번째 희망 이야기

항상 웃을 수 있는
뒤척이던 몸을 세우고
다시 일어섭니다.
내게... 다시 희망의 메시지를 띄웁니다.

The hope

앞만 보며 달려왔오
이제 막바지에 이르렀군요

안간힘을 다해 힘써 보오
여기서 주저앉지 않으며

절대 굴복하지 않으리
언제나 밝은 웃음을 잃지 않으며...

형제여 다시 일어서 걸어나아가리
저 밝은 빛을 향하여

War → Peace

공허히 떠도는
때로는 서로의 적대감!

서로 겨누기보다는...
따뜻한 포옹이 어떨지...

삼십육점 오도

느껴지는가?
망각 속에 빠져 있는 자신의 허탈함을 뒤로한 채,
살며시 흐르고 있는 내음을...

보고 있는가?
자신을 알려고 발버둥치다 지쳐가는,
흐르는 내음을!

알고 있는가?
항상 나와 함께 해주는 나의 체온을...
삼십육점 오도라는 그런!

내가 있으메

온 세상 만물의 힘찬 찬양 소리
저! 높은 곳에서 부르리 부르리

악한 마음의 씨앗 이젠!
끝을 맞보게 하네

천사의 나팔 소리에
다시 일어서 걸으리!

나아가 축복하리!
내가 있으메 넌 영원하리오

내 마음의 푸르름

나의 맘에도
푸르름을 꿈꾸었으면

언제나 행복하며
항상 웃을 수 있는

뒤척이던 몸을 세우고
다시 일어섭니다

내게...
다시, 희망의 메시지를 띄웁니다

그토록 바라던 내 마음의 푸르름
이내 가슴 깊이 다가오네요...

영혼이여

오늘도 숨 쉬는 내 영혼의 심장
십자가 위에서 노랠 부른다

곧 쓰러질 것만 같은 그대
내게 기대, 심장에 귀 기울인다

다시 날개를 펴고, 힘껏 날아오른다!
하늘을 향해 봐라!
깃을 세워 날아라, 영혼이여!

世(세) 雨(우)

온 세상에 촉촉히 단비를 내려 주사
크게 지친 생명들이 다시 살아난다

깨어나라 영혼이여
일어나라 작은 심장이여

모든 세상에 이 같은 단비를 내리사
다시금 생명의 지체들은 일어서리 일어서리

일어서서 노래 부르리
저 높은 하늘을 향하여

뛰면서 기뻐하리 너와 나 모두가
한없는 옥토에 생명의 기를 넣어주는…

감사하며, 소망합니다
이토록!

하늘처럼

맑게 갠 하늘을 보며
높고 푸른 저 하늘을 보며

나의 맘을 담으려 합니다
한없이 높고 푸르름에 나의 마음도...

저 같이 언제나 맑았으면 합니다

떠가는 구름 조각
선선한 잎새 바람

오늘도 저와 같이 따라 내 맘을 비웁니다
내 가슴 한 켠에 하늘처럼 하는...

하늘 모습처럼 공허히 띄워 보냅니다
저 멀리, 저 멀리...

Smile

자신이 하고 싶은 일은
한, 두 가지 정도 다 있을 것이다

우리는 그 일을 향하여 차근차근 나아가야 한다
남들보다 뒤처진다고 빨리 가서는 안 되고

자신의 거만함에 뒤도 안 돌아보며 나아가서도 안 된다
그 시점이 중요하지 않으며

우리는 먼 훗날에 누가 먼저 웃음을 짓냐 안 짓냐를
떠올려 보며 나아가야 할 것이다

미래에 당당히 웃을 수 있는 자!

영혼

사악한 세상의 속물들이여 일어서라
저 높은 곳을 향하여

찬란한 광명의 계시가 있으니

이내 가슴 깊이 새겨 들어라
눈을 떠 먼 산을 바라보라

보이느냐 존재의 귀가
들리느냐 영혼의 숨소리가

참된 마음을 열어 이내 다가오라
내게로... 내게로!

작은 촛불

영원의 아픔이여, 서서히 가오
믿는 네 가슴에서 야릇한 생 기억뿐

큰 어둠이 나를 놓아주질 않구나
생사의 갈림길에서 영원하리라 믿었던

헛된 망각은 사라져만 가고
차디찬 바람만 불어올 뿐이오

까마득한 먼 하늘에 날개짓 하는
나의 맘속 한켠에

부디 꺼져만 가는 작은 촛불 하나 켜고 싶군요

오늘도 달린다

내일을 위한 준비
오늘도 달린다
매서운 바람과 거센 빗방울

여기서 난 쓰러지지 않으리
모진 땀과 거친 숨결로 견뎌내며

저 멀리 보이는
빛을 향해 달리오

걷다 넘어져도
나는 다시 일어서리오

절대 주저앉지 않으리오
내 귓가에 조용히 들려오는 찬사의 소리

여기저기에서 반겨주는 반가운 사람들
오늘도 난 주인공이 된다

내게 있어서 삶의 주인공이 된다

가네

차가운 바람이 불며
불빛을 향해 걷는 사람들

시린 고통을 참아내며
이내 몸짓 겨누고 가네

쓰러지지 마오...
저 앞이 다일세!

땀으로, 몸을 세우며 걷는다...
빛을 향해!

그대는 어디인가

세상의 타도 겁 없는 녀석
예컨대 어둠이 다가오고
찬란한 광명이 식어 간다

아!! 영원이여 그대는 어디인가
끝을 모른 채 주저앉는다

평화의 나팔 소리
영광의 찬양 소리
계시가 있듯이 울려 퍼지리

아!! 환한 빛이 세상을 비추어
나는 다시 일어서서 움직인다

靑年(청년)

대지 위의 한 청년
큰 야망을 품고 콧노래하던 당당한 모습

오늘도 내일도 변함없구나
바람이 불어도 흔들리지 않구나

큰 그릇이 되고픈 이내 가슴
강한 숨결이 들려온다

환한 저 멀리 메아리 요동 치는
나는 주저앉지 않는다

내 야망의 불을 품고 오늘도 변함없다
큰 그릇의 청년

삶의 이유

해가 뜰 때부터 해가 질 때까지
난 생각해 봤지!

왜 내가 살아야 하는지를!
이유를 찾아내고 말았지...

아직 내가 체험해 보지 못한 것들!
아직 내가 힘들어하는 아픔

그런 것들을 아직!
접하지 못해서인가 봐...

혼자가 아니군요

석양이 지며 나 홀로 서 있네
붉게 달아오른 그곳을 보며 나는 서 있네

온 세상이 정열로 뒤얽혀 있고
나의 가슴으로 이 세상을 정리하노라

아!! 세상의 모든 생명이여
고개를 들어 저 높은 곳을 향하여라

타오르는 저곳을 바라보라
느껴지는가 나의 작은 심장 소리가

명하노니 명하노니 주저앉지 마오
높게 손을 들어 저곳을 향해 외치오

온 정열을 다해!
이젠 혼자가 아니군요

그대들이 있기에... 외치기에 이젠...
혼자가 아니군요

靑(청) 天(천) 如(여) 靑(청) 心(심)

바라노라
이내 소망

푸른 하늘빛과 같은
푸르른 마음을

높고 끝없는 저 하늘처럼
닫혀진 내 마음을...

열고 싶구려 열고 싶구려
큰 야망을 품고 대지 위에 우뚝 선 靑心

같노라 같노라
靑天의 소망을

영원한 나

먼 산
산중에 퍼지는 메아리

그 소리에 내 맘을 담아
영원한 나를 만들어 가죠

차츰 소리가 지워지자
영원하리라 믿었던 내가 흔들렸습니다

그 영원한 나를 만들기 위해
나는 오늘도 먼 산을 오르고 오릅니다

新(신) 光明(광명)

저 멀리서 들려오는
고요한 光明의 등불

서서히 날이 밝아온다!

모든 사람들의 찬사 속에...
평화와 꿈을 안은 채!

이 세상 나쁜 싹을 모두 져 버린 채

서서히
아주 서서히

메시지가 온다

희망의 **新 光明**의 메시지가!

오늘처럼

오늘처럼 단 하루를 살아도
역시나 하는 후회의 맘

생각하기에...

내 자신을 알려고
발버둥치며 소외된 나를 일깨운다

허나 날 버린 세상사!
모든 욕망에 끝없는 미지의 세상 속물들

큰 소리로 외친다!

오늘!
오늘처럼...

행복

행복을 느낀다고
생각하는 너는!
참 행복한 인간이다

이 어렵고 힘든 나날에도!
그 짧은, 반복되는 시간 속에서
행복을 느낀다는 게...

아마 행복은!
널 위해
준비된 것일 수도 있어

내 머릿속

내 머릿속엔
99%의 헛된 망상들로
가득 차 있을 뿐이다

그중 남은 1%는
이 모든 것들을 지우기 위해
잠시 숨겨둔 크다 지친 작은 불씨이다!

빛

아침 햇살! 눈부신,
따뜻한 빛 받으며 지쳐진 눈을 살며시 뜹니다

저 멀리, 들려오는!
고요한 메아리 소리에

뒤척이던 몸을 헤아리며
고요히 눈을 감습니다

평화의 소리와!
여기저기의 노여움을 모두 짊어진 채...

모든 망상들을 저 멀리 보냅니다!
그리워했던, 나의 작은 사랑 얘기들...

위선 없이 불렀던 노래!
내 사랑아...

사랑의 눈으로, 오늘도!
이 아침을 맞이합니다

3자에게

난 오늘도 나 아닌 3자에게 희망을 부풀어
나의 소망을 키워만 갑니다

나 아닌 3자
그녀에게도 3자가 있죠

우린 서로 만나지는 못하지만
부푼 소망의 작은 꿈이 모여

너와 나의 작은 새싹이 되어 갑니다

너를 사랑하는 마음이기에...
부푼 마음으로
아주 작지만 큰 꿈을 키워만 갑니다

작은 낙원 속의 3자...

난 지금도!
너를 향한 3자를 만들어 갑니다

마치며...
항상 부족하지만 늘 사랑으로 채워 주시는 부모님!
또한 든든한 이 땅위의 친구들... 정도의 길을 걷게 해주신 형제, 자매님...
그리고 항상 나와 함께 해주신 하나님께 감사드립니다.

- 아도니스 송 -

〈추천사〉

소년에서 청년으로
성장의 여정을 함께한 어른들

삼십육점오도의 온기로 엮은 감사의 말들

삼십육점오도의 힘찬 발걸음에 기꺼이 손을 내어주신 감사한 한 분 한 분의 격려 인사 말씀과 더불어, 제 부족한 삶을 조금씩 채워 갈 수 있게 춥고 어두웠던 터널 끝, 한줄기 빛처럼,

각 계층 곳곳에서 섬세하고 따스한 나눔의 체온을 전해주셨습니다. 공사다망 하신 와중에도 깊게 잠든 삼십육점오도의 한 줌 일상에 다시 뒤돌아 귀를 훔치는 메아리 같이 소통의 빛과 소금이 되어 주어, 그 시절의 앳되고 감성 자욱한 책장을 넘기기에 앞서, 그 마음 한켠 한켠을 담아 보았습니다.

- 아도니스 송 -

송해성 시인을 바라보며

대학에서 강의를 하던 중, 송해성 군을 처음 만났다. 평범한 학생이었는데, 어느 날 시집 한 권을 가지고 와서 나에게 건넸다. 그 시집을 보고 깜짝 놀랐다. 보통 첫 시집에는 미숙한 글이 많은데, 어린 나이임에도 불구하고 좋은 시들이 많아 더욱 놀라웠다.

우리는 시를 감상하고 외울 수 있는 사람들이 많아야 한다. 가까운 이웃인 중국이나 일본에 비해 우리나라에는 시를 외우고 즐기는 문화가 부족한 것 같다. 중국만 보더라도 『당시(唐詩) 300수』를 줄줄 외우고, 일본은 당시를 현재 발음과 당나라 시대의 낙양(洛陽) 발음으로 읽으며 공부한다고 하니, 그 모습에서 문화적 깊이를 느끼게 된다.

시를 쓴다는 것은 돈을 버는 것과는 관계가 없지만, 많은 사람들이 시를 즐긴다면 우리 사회는 더 부드럽고 아름다운 언어를 사용할 수 있을 것이다. 나아가, 우리나라는 문화 강국으로 우뚝 설 수 있으리라 믿는다.

송 군의 시를 읽으며 그의 마음속에 담긴 아름답고 멋진 점들을 발견할 수 있었던 것은 정말 훌륭한 일이었다. 앞으로도 더 많은 아름답고 좋은 시를 써 내려가기를 진심으로 바란다.

2024년 10월의 어느 멋진 날
제자의 리뉴얼 『삼십육점오도』를 축하하며
행정학박사 강원구

나아가라 그 길로

석연경

익어가는 열매가 있었네
꽃을 피우는 봉오리가 있었네
단풍이 물들어가는 계절,
호수의 물빛도 더욱 깊어지고
잔잔한 윤슬이 찬란한 날.

오래전 수업 시간이었지.
외국에 다녀왔다고,
봉사했다고 말하던
빛나던 청년이 있었네.

읽기와 쓰기,
발표와 토론을 가르치던 시절.
유서 깊은 땅에서,
차분한 목소리로 단단하게 서 있던
대학생 해성이.

글을 쓰고 시를 쓰는 청년아.
사랑을 노래하고,
이별을 승화시키고,
반짝이는 일상을
별처럼 반짝이게 하며,

성찰하며 노래하며 나아가는
네 삶은 피어난다.
또랑또랑.
흐를 줄도 알고,
깊이를 더할 줄도 알고,
수많은 나무를 품는 산처럼.
그렇게 가거라.

바람과 불꽃으로,
대지를 적시는 비로,
축복하는 눈송이처럼.
가라,
빛나는 길을,
사람들과 더불어.
봄꽃이 피어나는
눈부신 생으로.

자유와 평화의 걸음으로,
건강하고 힘찬 걸음으로.
나아가거라.

해성이에게

가을 햇살이 부드럽고 눈부시다. 햇살 아래 물들어가는 단풍이 아름다워 창밖을 자주 보게 된다. 결실의 계절, 해성이가 책을 재발간한다는 소식을 듣고 가을이 더욱 풍성해짐을 느꼈다.

20여 년 전, 수업 시간에 너는 특출한 학생이었다. 당시 내가 강의했던 '읽기와 쓰기, 발표와 토론' 시간에서, 너는 배운 것을 바탕으로 자신의 생각을 차분하고 명확하게 발표했지. 봉사한 이야기와 외국에서의 경험, 그리고 그로부터 배운 점을 신뢰감 있게 전달했던 네 모습이 아직도 생생하다.

자신의 삶을 잘 개척하며 타인을 생각할 줄 아는 너는 빛이 났다. 세월이 흘렀지만, 발표하던 네 모습은 여전히 선명하다. 그런 네가 멋지게 성장해 시집을 재발간하다니, 얼마나 대견한지 모른다.

너에게서 희망을 본다. 『삼십육점 오도』는 사랑이다. 사랑을 나눌 수 있는 체온이다. 그 체온을 네가 가지고 있다는 것은 네 자신을 사랑하고, 타인을 사랑하며, 세상을 사랑할 수 있다는 것을 보여준다. 우리는 그 체온으로 사랑하며 살아가자. 그리하여 더 나은 세상, 더 좋은 세상을 만들어 가자.

석연경
(시인, 문학평론가, 연경인문문화예술연구소 소장)

삶의 미각을 깨우는 책

　김민기 님이 영면하신, 故 신해철 님의 10주기를 맞은, 한강 작가님의 노벨상 수상 소식이 들려온 2024년은 말과 글과 노래의 힘을 믿는 모든 이들에게 유독 큰 울림을 주는 해인 듯합니다. 그래서인지 인연을 맺고 오랜 시간 삶의 궤적을 함께한 아끼는 동생이 올해 책을 낸다는 소식이 더욱 각별하게 다가왔습니다.

　페이지를 넘길 때마다 『삼십육점 오도』에 담긴 사랑, 이별, 추억, 희망에 대한 투박한 이야기들이 이 책을 읽는 분들에게 기쁠 때는 단맛으로, 힘들 때는 쓴맛으로, 각성이 필요할 때는 매운맛으로 전해져 오래도록 기억에 남을 것입니다.

고려대학교 국문학과 96학번
서울에서, 강준식 씀

'삼십육점 오도' 사람의 체온을 글로 전하다

 순수했던 시절의 온기, 첫사랑의 설렘, 풋풋하고 열정적이지만 어딘가 미숙했던 시절의 기억. 송해성 작가님의 마음 따뜻한 글이 20여 년 만에 다시 우리 곁으로 찾아왔습니다.

 처음 작가님과 연락했던 기억이 납니다. 숨어 있는 보물 같은 책을 발굴하고자 연락을 드렸던 작가님은 약간은 수줍고 매너 있는 분이셨지만, 자신의 글에 대한 열정과 사랑만큼은 가득했던 분이었습니다.

 제가 필사단 모집을 제안했을 때, 오랫동안 잠들어 있던 책이 빛을 보게 되어 너무나 감사하다는 인사를 전하셨지요. 그리고 진행된 14일간의 필사단 기간 동안, 작가님의 글은 많은 분들의 마음을 따뜻하게 덥혔습니다. 정말 많은 독자분들이 공감하고 응원하며, 좋은 글과 책을 알려주어 고맙다는 메시지를 보내왔습니다.

 그리고 전해진 반가운 소식. 『삼십육점 오도』가 리뉴얼되어 출간된다는 소식을 들었을 때, 얼마나 기뻤는지 모릅니다.

20대의 서정적인 청년이 써 내려간 글이 20년이라는 세월을 지나, 얼마나 숙성되어 새로운 감동을 전할지 기대됩니다.

우리는 모두 유년 시절과 청년 시절을 지나며, 또 지나고 있는 중입니다. 같은 시대를 살아가는 또래로서, 혹은 선배와 후배로서, 따뜻한 체온을 글로 나누고자 하는 송해성 작가님의 열정을 함께 응원해 주시길 바랍니다.

저도 책스타그램 채널을 운영하며 수많은 작가님과 독자님들과 소통하면서, 송해성 작가님과 같은 열정과 긍정적인 에너지를 전하고자 노력하고 있습니다.

부디 많은 독자님들이 『삼십육점 오도』와 함께 행Book한 시간을 보내시길 소망하며, 글의 온기를 온전히 누리시길 진심으로 응원합니다.

인스타그램 책 추천해주는 여자
@choem1013 최민희 드림

훈련병의 벗, 다시 세상과 만나다

화장실 문에 붙어 훈련병에게 안식을 주었던
해성 군의 작품이 20여 년 만에 리뉴얼되어
더 많은 독자를 만나러 갑니다.
『삼십육점 오도』의
순수하고 때 묻지 않은 생각과 표현들은 우리에게
사람의 온기 그 이상을 느끼게 해 줄 것입니다.

영원한 전우
육군 중령 이민철 (송 군의 당시 중대장)

시간이 빚은 온기와 진심

   20년이 넘는 세월 동안 한결같은 꾸준함으로 흔들림 없이 자신의 길을 걸어온 뚝심 있는 작가의 작품은, 그가 쌓아온 시간과 함께 세월을 견디며 깊어진 무르익은 감성으로 재탄생했습니다.

   순정 어린 서정성은 세상을 바라보는 그의 따뜻한 시선을 엿볼 수 있게 하며, 풋풋한 소년의 일기장을 읽는 듯한 순수함과 단어마다 세심히 깃든 애틋한 감성, 진솔한 고백은 독자들에게 깊은 울림을 선사합니다.

   이 작품은 일상의 작은 순간마저도 특별한 의미로 물들게 합니다. 작가가 정성으로 가꾸어온 소중한 정원에서 삶의 온도와 온기, 그리고 순정과 열정의 향기를 느낄 수 있습니다.

하형정 프로듀서

뜨거운 열정으로 다시 태어난 책

제가 감히
이 멋진 작품에 추천사를 남겨도 될지 모르겠습니다.
Freewriter 전시에서 처음 뵙고,
더운 여름 그 뜨거운 열정에 감탄하며,
끝에는 존경심까지 느끼게 되었습니다.
과거 떠오르는 샛별의 책이 고난과 아픔을 딛고,
더욱 뜨거워진 열정과 함께 리뉴얼되어 찾아옵니다.
이 책이 독자들의 마음에 불을 지피고,
따뜻하고 긍정적인 열기를 더하며
선한 영향력을 끼치길 진심으로 소망합니다.

예술적지향점 대표 조주현

따뜻한 흔적을 남기는 이야기

 송해성 작가님의 『삼십육점 오도』 리뉴얼 출간을 진심으로 축하드립니다. 오랜 시간 가슴속에 품어왔던 이야기를 세상에 펼쳐 보이는 그 순간의 떨림과 설렘은 감히 상상할 수 없습니다.

 작가님의 글은 그 온도와 깊이로 삶의 희로애락을 담아내며, 독자들의 마음에 따스한 흔적을 남길 것이라 확신합니다.

 이 책을 통해 많은 이들이 새로운 시선을 얻고, 그 속에서 자신만의 이야기를 발견하길 바랍니다.

 앞으로도 당신의 이야기가 더 많은 사람들에게 울림을 주길 기원하며, 다시 한번 깊은 축하의 마음을 전합니다.

(영원한 형이고 싶은)
비케이즘 대표이사 김병규

땅과 하늘이 닿았다

어떤 이는 하늘에, 또 어떤 이는 땅에 마음을 둔다.
삶의 깊은 아름다움은
마음에 심는 사람에게 주는 선물 같은 몫이다.
여성의 섬세함과 남성의 담대함이 면면히 글에 흐른다.
솔직하고 담백한 글이 맛지고 멋지다.
천지가 두 번 바뀔 시간 동안,
절절히 성숙한 글쟁이의 글은 더 넓어졌다.
펜이 나누는 묵직한 진실이 아름답기만 하다.
십수 년의 침묵 속에서 다시 세상을 향해 외친다.
아도니스송의 세상, 존재, 삶의 찬가를...
아네모네가 아도니스가 되고, 아도나이를 향한다.

필리핀 ICLA SOPA School
이사장, 설립자 박헌남

에필로그

삶은 시련의 연속이지만, 그 속에서 감사와 사랑을 찾는다면 우리는 결코 혼자가 아닙니다. 각자의 길을 걸으며 진정한 소통을 나눌 때, 작은 희망이 모여 큰 기적을 이루는 순간을 맞이할 것입니다. 우리는 함께 그 길을 걸어가고 있습니다.

전진하세요! 여러분의 내면적 아름다움은 세상을 더 밝게 비출 것입니다. 잠시나마 제 단어와 문장을 통해 조금 가까이 만날 수 있어 기쁩니다. 여러분의 삶에 필요한 햇볕이 되었길 바랍니다.

감사합니다. 사랑합니다. 행복합니다.
2024.12.12 송해성 드림

느낄 수 있는 나의 체온
삼십육점 오도

초판 인쇄   2024년 12월 16일
초판 발행   2024년 12월 19일
글   송해성
그 림   네모 @nemone_0804
펴 낸 곳   도서출판 마움공감(Maum Gonggam Publishing)
편 집   도서출판 마움공감 편집부
등록번호   제2021-000053호
이 메 일   nasenorr@gmail.com

삽화·사진   안갑주, 최효민
표지디자인   네모, 그리달파

ISBN 979-11-990336-0-4

Copyright ⓒ 2024 송해성
Published by Maum Gonggam Publishing
All publishing rights reserved.

본 도서의 무단 전재 및 복제를 금합니다.